★ 10대를 위한 인생 힌트 ★

누가 뭐래도
나는 나

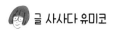 **글 사사다 유미코**

심리 상담사.

1995년 와세다대학 인간과학연구 과정을 수료한 뒤 발달의료종합복지센터, 행동코칭 아카데미 아동발달지원사업소 〈한나〉에서 근무해 왔습니다. 그동안 상담해 온 10대들의 다양한 고민과 어려움을 지켜보며 그 과정에서 얻은 여러 가지 삶의 힌트들을 책으로 썼습니다.

그림 도모노 가나코

언제나 밝게, 건강하게, 활기차게, 유쾌하게! 그리고 가끔은 한가롭게 살자는 것이 인생의 모토입니다. 아이들을 위한 사랑스러운 일러스트를 그립니다. 손수건, 수건, 티셔츠 같은 천에 캐릭터와 패턴을 디자인하기도 합니다.

옮김 안혜은

대학 졸업 후 출판사와 에이전시에서 일해 오다 지금은 전문 번역가로 활동하고 있습니다. 원문의 색깔과 맛을 잃지 않는 자연스럽고 정확한 번역을 하려고 애씁니다. 《자존감 생각법》《단순한 사고의 힘 5W1H》《너의 이름은. 공식 비주얼 가이드》《7일 공부법》등 다수의 책을 우리말로 옮겼습니다.

10(JYUU) DAINO TAMENO IKIRU HINTO
Text Copyright © Yumiko Sasasda, 2019
Illustration Copyright © Kanako Tomono, 2019
All rights reserved.
No part of this book may be used or reproduced in any manner
whatsoever without written permission except in the case of brief quotations
embodied in critical articles and reviews.
Originally published in Japan by Shasta International Corporation
Korean Translation Copyright © 2022 by Story space
Korean edition is published by arrangement with Shasta International Corporation
through BC Agency.

글 사사타 유미코

그림 도모노 가나코

옮김 안혜은

★ 10대를 위한 인생 힌트 ★

누가 뭐래도
나는 나

10代のための生きるヒント

이야기공간

심리 상담 쌤이 꼭 들려주고 싶은 인생 힌트

이 책은 누군가에게 기발한 인생 힌트가 될 수 있어. 하지만 누군 가에게는 당연한 이야기라서 시시할 수도 있지. 누군가에게는 전 혀 공감할 수 없는 이야기일 수도 있을 거야. 무책임하게 들리겠 지만 나는 그런 반응이 매우 바람직하다고 생각해.

나는 '올바름'을 규정하거나 '인생의 방향'을 제시하고 싶지 않아. 나의 관점을 편하게 펼쳐 놓은 거라 책을 읽는 친구들이 어떻게 받아들일지 알 수 없어. 그렇다고 해서 걱정하지 않아. 사람마다 관점은 다르니까. 생각이 다르면 다른 대로 편하게 읽으면 돼.

나는 심리 상담사로 10대들의 다양한 고민과 어려움을 들어 왔어. 그 과정에서 꼭 들려주고 싶은 인생 힌트가 떠올랐고 그중 50가지 를 추려서 이 책에 정리했지.

그동안 들어왔던 다른 어른들의 힌트와는 좀 다를 수도 있어. 어 떤 부분에서는 "뭐라고?" 하며 놀랄지도 몰라. 나의 반전 인생 힌트를 가벼운 마음으로 편하게 읽어 내려가다가 지금 하고 있는 크고 작은 고민에 실마리가 된다면 더할 나위 없이 기쁠 거야!

10대들아, 세상이 말하는 평균적이고 일반적인 '올바름'에서 벗어나 자신만의 '행복'을 찾길 응원해.

사사다 유미코

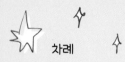

차례

달라도 괜찮아

누구나 같은 생각, 같은 가치관을 가지고 있다면
세상은 어떤 모습일까?
다툼이나 전쟁 없이 평화롭지 않을까?

누구나 좋아하는 것과 싫어하는 것이 같다면
모두가 재미있다고 손꼽는 웹툰도 책도
드라마의 내용도 전부 똑같을 거야.
그러면 참 심심하고 재미없겠지?

다르다는 것
얼마나 중요한지 몰라.
다른 생각과 가치관이야말로
언제나 새로운 아이디어를 주니까.
변화를 일으키니까.

지금 싫은 걸 해내면
즐거운 일이 찾아와

네가 좋아하든 그렇지 않든
많이 배우고 노력하는 건 참 중요해.
'하기 싫은 것도 열심히 해야 할까?'라는
의문이 든다면 이렇게 생각해 봐.
'지금 싫은 걸 해내면 나중에 좋아하는 걸
더 잔뜩 할 수 있어!'라고.

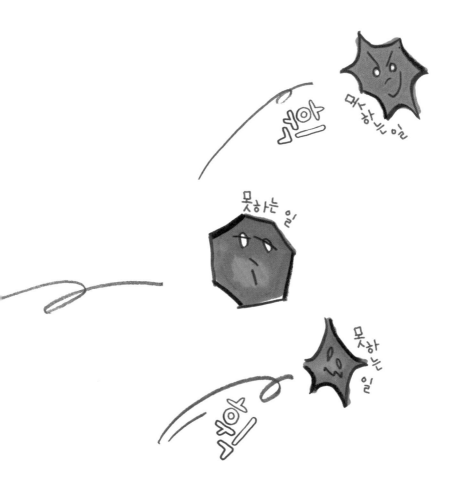

네가 지금 여러 가지 경험을 쌓고 있는 것은
어른이 되었을 때 잘하는 일과 못하는 일을 알아 가고
그중 가장 즐겁게 할 수 있는 일을 찾기 위해서야.

이 말은 네가 어른이 되면
뭐든 다 열심히 할 필요가 없다는 뜻이기도 해.
잘하는 일, 좋아하는 일로 가득 채워 가는 삶
생각만 해도 신나지 않니?

혼자 참 잘 노네.

친구와 꼭 함께할
필요는 없어

10대 때 가장 큰 고민 중 하나가 뭘까?

바로 친구 문제야.

어른이 되면 달라질까? 그렇지 않아.

직장 동료나 친구 때문에 고민하는 어른도 정말 많거든.

혹시 지금 친구 관계에서 문제를 겪고 있다면
혼자만의 시간을 즐겨 봐.
말 많은 친구의 잦은 연락이 피곤하니?
자기 하고 싶은 대로 해야만
직성이 풀리는 친구가 있니?
친구에게 맞추어 함께하기보다
네가 좋아하는 걸 혼자 해!
친구와 꼭 함께해야 하는 건 아니야.

내가 원하는
길을 선택해

아침에 출근해서 밤에 퇴근하고
학교를 졸업하고 일하다가 결혼을 하고
어른들 대부분이 비슷하게 살아가는 것처럼 보이니?
하지만 자세히 들여다보면 세상에는
남들과 다르게 살아가는 사람도 참 많아.
일하는 시간과 직업도 다르단다.

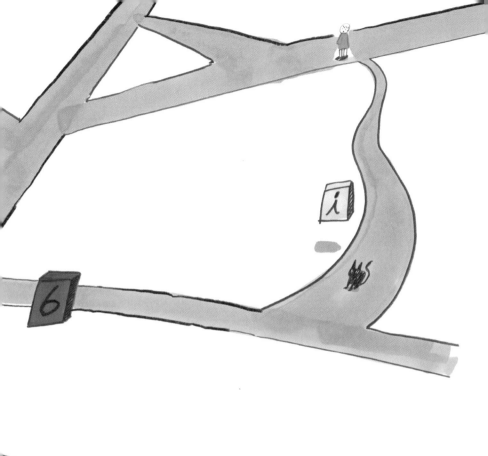

남들과 같은 길을 걸어가지 않아도 돼.
당장 내가 가고 싶은 길을 잘 모르겠다고?
그렇다고 걱정하거나 불안해하지 마.
앞으로 가야 할 길은 길고 기니까.
그럴수록 여유를 갖고 평소 좋아하는 것들을 적어 봐.
사람, 물건, 취미… 아주 사소한 것부터 말이야.

좋아하는 것을
소중하게 생각해

사람이든 물건이든 취미든
좋아하는 것을 소중하게 생각해.
어떻게 하는 거냐고?

그게 뭐야?

좋아하는 것 중에서
싫은 것도 기꺼이 참아 낼 수 있을 만큼
좋아하는 것을 찾아봐.
그리고 앞으로 어떤 방해나 어려움이 생겨도
그 좋아하는 것을 하기 위해 애쓰는 거야.

좋아하는 걸
소중히 하는 연습을 하다 보면
싫은 것도 척척 해내고
어려운 일도 씩씩하게
이겨 낼 수 있을 거야.

하하하,
내게 아주아주
소중한 거야.

실 패 했 어.

실수는
누구나 해

실수했을 때 보통 어떻게 행동하니?
남들 앞에서 창피할 때도 있을 거고
누군가에게 사과할 일이 생길 수도 있겠지.
하지만 실수하지 않는 사람은 없어.
그러니 창피한 순간이 오면 이렇게 생각해 봐.
'실수는 누구나 해. 벌어진 일은 어쩔 수 없어.
얼른 인정하고 바로잡아야지.'

아,

잘못한 건가?

말하지 말걸.

아아, 실패하고 말았도다!

망했네...

실수한 사람이 나든, 남이든
잘못을 탓하기보다 인정하고 용서하자.
"잘못 든 길이 지도를 만든다."는 말처럼
실수를 통해 위대한 발명을
하는 사람도 많잖아?

괜한 핑계를 댔어.

이런, 쓸데없는 말을 했네!

지금
행복에 집중해

어른이 된 모습을 상상해 본 적 있니?
그때 너는 어떤 일을 하고 있을까?
남들이 모두 부러워하는 멋진 직업
돈을 많이 버는 직업을 떠올렸다면
"세상에 공짜는 없다."는 말을 기억해.

어마어마한 부자가 되었다고 치자.
남들이 부러워한다고 과연 행복할까?

행복은 다른 사람의 평가나 시선으로 결정되는 게 아니야.
행복하고 만족스러운 마음은 나 자신이 느끼는 거니까.
그러니 항상 지금 너를 행복하게 하는 것들에 집중해.

도움받는 걸
당연하게 생각해

살아가면서 그 누구의 도움 없이
혼자 힘으로만 살아가는 사람은 없어.

아기는 부모님의 도움을 받고
학생은 선생님의 도움을 받고
환자는 의사의 도움을 받지.
도움받는 건 아주 당연한 일이야.

도움받는 게 불편하고 어렵다면
잘하는 일과 못하는 일
할 수 있는 일과 노력이 필요한 일
스스로 해야 하는 일과
맡겨도 되는 일을 구분해 봐.

그리고 못하는 일, 맡겨도 되는 일부터
가까운 어른이나 친구에게 도와 달라고 부탁해.
그럼 이제 도움받는 연습을 시작해 볼까?

도전은 어쩌다 한번 해 본 실험 같은 거야

살다 보면 도전을 해야 할 순간이 있어.
이때 누군가는 적극적으로 도전하고
누군가는 고민하고 망설이다 포기하고 말아.

하고 싶은 일이 있다면 '실험' 삼아 도전해 봐.
가지 않은 길은 두고두고 후회가 남지만
걸어간 길에는 차곡차곡 발자국이 남으니까.
혹시 모르지. 길 끝에 멋진 풍경이 기다리고 있을지도.

도전 끝에 큰 성과가 날 수도 있고 아닐 수도 있어.
실패하면 어때? 도전 과정에서 배우는 게 얼마나 큰데.

실패한 일로 크게 상처받으면 어쩌냐고? 걱정 마.
긴 인생 속에 어쩌다 한번 해 본 실험일 뿐이니까.

어느 것 하나
불필요한 건 없어

자동차 핸들의 '유격'에 대해 들어 본 적 있니?
유격은 핸들이 살짝 꺾여도
타이어 각도가 틀어지지 않게 해 주지.
책 가장자리에는 하얀 '여백'이 있어.
그 어떤 책도 여백 없이 글자만 가득하지는 않아.

소중한 시간…

'유격'과 '여백'은 언뜻 불필요해 보일지도 몰라.
하지만 유격은 안정감과 사고 방지를
여백은 눈의 피로를 덜어 주지.
세상에서 그 어떤 것 하나 의미 없는 것은 없어.
저마다 중요한 역할을 하고 있지.

네가 지금 하고 있는 그 일이 쓸모없어 보이니?
당장은 불필요한 것 같아도
살다 보면 어느 순간 도움이 될 때가 있어.
'그때 괜히 시간만 낭비하는 게 아닐까?'라고
속으로 잔뜩 걱정했는데 '해 두길 잘했네.'라고
생각할 날이 분명 올 거야!

무료한 시간...

좋아하는 일은
두고두고 남겨 둬

"넌 커서 뭐가 되고 싶니?"
지금껏 많이 들은 질문이지?
한번 생각해 볼까?
잘하는 일과 좋아하는 일 중
어떤 것을 직업으로 삼으면 좋을까?

얼핏 보면 좋아하는 것을 하면서 돈도 버니까
엄청 행복할 것 같지?

주말엔 신나게
산에 오를 거야.

우스갯소리를 들은 적 있어.
빵을 너무 좋아해서 파티시에가 되었는데
일로 먹다 보니 물려서 빵을 못 먹는다고.

직업은 좋아하는 일보다
가장 자신 있게 할 수 있는 일 중에
선택하는 게 행복할 수도 있단다.
제일 좋아하는 일이나 취미는
두고두고 즐길 수 있게 간직하는 거야.

마법의 주문,
괜찮아!

'이런 불행한 일이 왜 나에게?'
'이런 일이 생기다니 믿을 수 없어.'
'난 항상 왜 이럴까? 되는 일이 없어.'

이런 생각이 들 때가 있다면
"괜찮아!"라고 마법의 주문을 외워 봐.
내키지 않더라도 입으로 한번 뱉어 보는 거야.

말은 감정을 바꾸고 감정은 몸을 바꾼다는 말이 있어.
셋이 서로 연결되어 있어서
몸이 아프고 컨디션이 좋지 않을 때에도
"괜찮아."라고 말하면
뇌는 몸에 괜찮다는 신호를 보낸대.

말 한마디로 병이 나을 수는 없지만
긍정적인 말 한마디는 몸과 마음에
큰 위로와 응원이 된단다.

그냥
받아들여

아침에 세수를 하는데 문득
코 옆에 난 뾰루지가 눈에 띄었어.
보기 싫어서 짜려고 하다가
잘못 건드리는 바람에
더 커져 버렸지.

뾰루지 때문에 신경을 곤두세우니까
지켜보던 친구가 이렇게 말했어.
"네가 말하지 않았다면 몰랐을 거야. 만지지 마."
"자꾸 신경이 쓰여서 그래. 너무 보기 흉하잖아."
"뾰루지 좀 나면 뭐 어때. 그냥 받아들여.
며칠 지나면 언제 그랬냐는 듯
가라앉을 텐데, 뭐."

별수 없는 상황이라서 화나고 짜증 날 때는
'뭐 어때.'라고 생각해.
그냥 받아들이는 거야.

수고했어,
오늘도

매일 반복되는 일상
특별한 일 하나 없는 평범한 하루였다고 해도
오늘 하루는 안녕히 보낸 특별한 날이야.

시간을 허투루 썼다고?
조금은 실망스러운 시험 점수를 받았다고?
친구와 다퉈서 속상하다고?
괜찮아.
더 잘해 낼 수 있는 내일이 있으니까.

"오늘 하루도 무사히 지나갔네. 수고했어."
"잘했어!"
잠들기 전 나에게 인사를 건네 봐.

누가 보냐고?
내가
보고 있어

살다 보면 누구나 숨기고 싶은 일 하나쯤은 생기기 마련이지.
그런 순간 거짓말을 하고 싶은 충동이 크게 들 때가 있어.
하지만 기억해. 말은 쉽게 새어 나가기 마련이고
모두를 속인다고 해도 나 자신은 속일 수 없어.

거짓말로 당장은 벗어날 수 있을 것 같아도
돌고 돌아 언젠가 진실은 드러나기 마련이야.

께름칙한 마음으로 조마조마한 시간을 보내며
자신에게 상처를 내는 미련한 짓은 애초에 하지 마.

컨디션 불량은
휴식을 취하라는 신호

입맛이 없고 자꾸 눕고 싶어.
의욕이 없고 집중도가 떨어져.
'피로' 증상이야.
몸이 피곤하니까 휴식을 달라고 신호를 보내는 거지.

사람의 몸은 그 자체가 건강을 체크하는 민감한 장치야.
영양이 부족하면 배고픔을 느끼게 하고
몸이 피곤하면 충분한 수면과 휴식을 요구하지.

좋아하는 일에 몰두하느라
몸이 비명을 지르는데 모른 척하고 있지는 않니?
밤새워 게임을 한다든지
재미있는 드라마를 몰아서 본다든지….

내 몸이 보내는 휴식의 신호를 놓치지 말자.

말끝에
"그거 재미있네."

짜증이 와락 올라오는 순간에는 오히려
말끝에 "그거 재미있네."라고 붙여 봐.
그러면 다른 사람의 눈으로 나를 관찰할 수 있어.
곧 짜증 났던 순간이 이렇게 바뀌기도 해.
"이런 별일 아닌 일로 짜증을 냈다니
그거 재미있네."

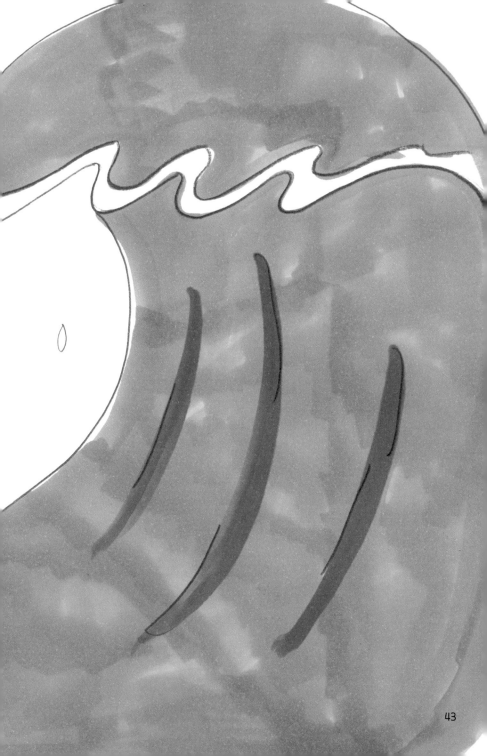

10대를 위한 인생 힌트 18

장점 하나를
콕 찾아내면 꼭 하기

가끔 너무너무 싫은 일도 꼭 해야 할 때가 있지?
그럴 때는 그중에 좋은 점을 하나 콕 찾아내 봐.

'청소하는 건 정말 귀찮지만 그래도 설거지는 좋아.'
'치과 가는 건 싫지만 치과 앞 빵집은 정말 맛있어.'
'월요일은 싫지만 월요일 그 TV 프로그램은 참 재밌어.'

하기 싫은 일을 해야 할 때는
이렇게 기분을 전환시켜 줄 장점 하나를 찾아
얼른 해 버리는 거야.

기울기 전에
균형을 잡아

쉬는 시간 없이 하루를 보낸 적 있니?
시험을 앞두고 장시간 공부를 했다거나
밤새 게임을 하느라 시간 가는 줄 몰랐거나.

반대로 아무것도 하지 않고
오래 쉬기만 하면 어떨까?
마냥 즐겁지는 않을 거야.
꿀맛 같은 휴가는 열심히 일한 뒤에야
찾아오는 법이니까.

중요한 것은 균형이야.
좋아하는 일, 꼭 해야 하는 일에 몰두할 때는
휴식도 계획적으로 취해야 해.

균형을 잡자!

내 기분이
제일 중요해

우리는 매일 다른 사람의 생각과
기분을 살피며 살아가.
학생 때는 담임 선생님이나
같은 반 친구의 기분을
직장에서는 상사나 동료의 눈치를 살피지.

다른 사람을 배려하는 것도 좋지만
자신의 기분이 어떤지는 알고 있니?
타인만 존중하면서
자신의 감정을 돌아볼 여유가 없다면
과연 행복할까?

어떤 일을 할 때 내 기분이 좋은지 싫은지
누군가와 대화할 때 즐거운지 지루한지
내 감정도 솔직하게 돌아봐.
내 기분이 제일 중요해!

누군가는
알아줄 거야

혼자 살면서 가장 힘들었던 건
주말이면 쌓여 있는 온갖 집안일이야.
부모님과 함께 살 때는 미처 몰랐지.
그동안 누렸던 편리함이 사실
누군가가 대신 고생해 준 덕분이었다는 걸.

혹시 네가 하는 그 일을
아무도 알아봐 주지 않아 속상하니?
지금 당장은 아닐지라도 누군가는 알아챌 거야.
이런 속담도 있잖아.
"든 자리는 몰라도 난 자리는 안다."

'지금 하고 있는 일을 누군가 알아줄 거야.'라고
생각하면 훨씬 기분 좋고 힘이 날 거야.

너는 아는구나?
역시!

얘 기 지 ?

털어놓는 순간
편해져

사람은 누구나 실수를 해.
때때로 잘못된 결정을 해서
다른 사람에게 피해를 주기도 해.
그럴 때 어떤 사람은 잘못을 인정하는가 하면
어떤 사람은 거짓말로 그 순간을 빠져나가려고 해.

거짓말이 거짓말을 낳는다는 말
많이 들어봤을 거야.
착한 거짓말이든 나쁜 거짓말이든
대개 거짓말은 한 번으로 끝나지 않기 마련이야.

솔직하게 말하면 상대방이 화낼까 봐 두렵니?
두려움의 시간은 잠깐일 뿐
솔직히 털어놓는 순간 마음이 편해질 거야.

이런 날도 있지

머피의 법칙이라고 들어 봤니?
좋지 않은 일이 설상가상으로 우연히 겹칠 때
'머피의 법칙'이라고 해.

누구나 한번쯤 머피의 법칙을 경험해.
이때 어떻게 대처하느냐에 따라 기분이 달라질 수 있어.
만일 오늘 하루 종일 안 좋은 일만 있었다면
"이런 날도 있지." 하고 일찍 잠자리에 들자.
내일은 내일의 태양이 떠오르니까!

친절은
돌고 도는
법이야

엘리베이터에서 열림 버튼을 누르고 기다려 주기
뒤에 오는 사람을 위해 문 잡아 주기
도움이 필요한 친구에게 손 내밀기

할 수 있는 일이라면 친절을 베풀어 봐.
아주 사소한 일도 누군가에게 큰 도움이 되거든.

내가 베푼 친절이 결국은
다시 나에게도 돌아올 거야.
세상은 이렇게 돌아가는 게 아닐까?

신세 좀
지면 어때

혼자 해내기 버거운 일을 맡고 있다면
다른 사람에게 도움을 요청하거나
대신 맡기는 것도 생각해 봐.

혼자 애쓰다가 일을 크게 그르치기보다
하루빨리 도움을 청하는 게 현명해.

다른 사람에게 신세 질 줄 아는 것도 참 중요해.

답을 못 찾겠으면
전문가와 상의해

아무리 생각해도 답이 안 나오는 문제라면
누군가에게 솔직하게 털어놓고
상의하는 것도 좋은 방법이야.
훨씬 더 반짝이는 방법을 마련할 수 있거든.

가끔은 주변 사람과 대화해도
해결할 수 없는 일이 있어.
그럴 때는 의사나 상담사처럼
문제 해결에 도움을 주는
전문가와 상의하는 것도 방법이야.

네가 가진 고민의 크기를 자세히 들여다봐.
친구에게 이야기하는 게 좋을지
부모님이나 선생님이 좋을지
아니면 의사나 전문 상담사의 도움이 필요한지
먼저 정해 볼래? 이것부터 시작해 보자.

10대를 위한 인생 힌트 27

도망가는 것도 현명한 선택

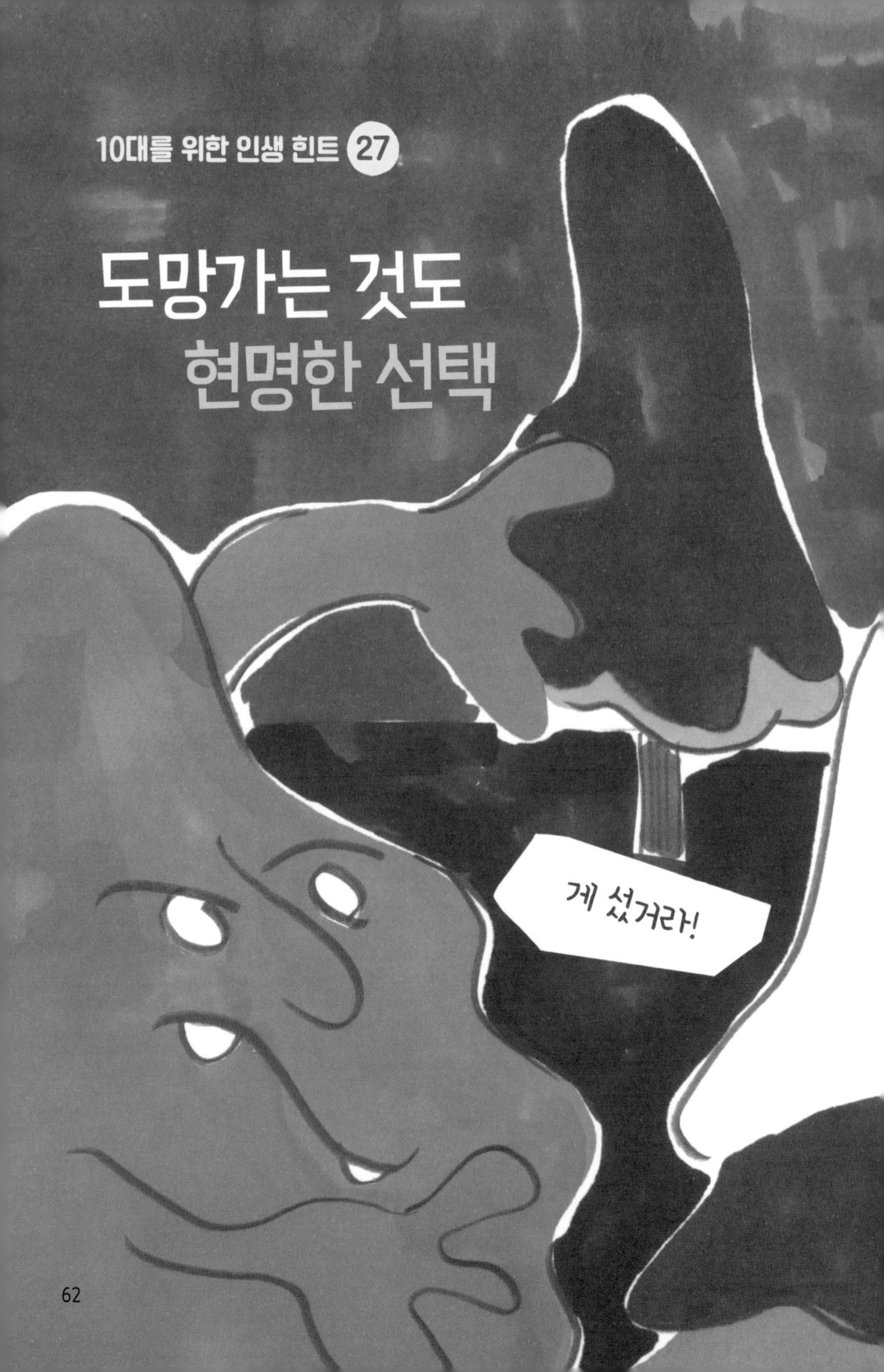

"삼십육계 줄행랑"이라는 말을 들어 본 적 있니?
'상황이 불리할 때는 도망가는 것이 상책'이라는
'삼십육계주위상책'에서 비롯된 말이야.
최고의 군사 전략으로도 잘 알려져 있어.

죽고 싶을 만큼 큰 어려움에 처했다면
도망쳐도 괜찮아.
도망은 비겁한 게 아니라 전략이야.
어려움을 피할 수 있으면 '도망'을 선택해.

잠깐!
한번 물어볼래?

잘 모를 때는 혼자 판단하지 마.
책이나 인터넷 등을 활용해.
정확한 정보를 찾고 아는 게 중요해.
하지만 당장 인터넷 검색이나
책을 찾아보는 게 힘들다면
주변 친구나 선생님께 물어보길 바라.

하지만 내가 계속 질문하면
상대방이 번거롭고 귀찮을 수도 있어.
매너 있게 질문을 던지기 전에 양해를 구해.
"나 이거 잘 모르겠는데 물어봐도 돼?"

머리가
복잡할 때는
글로 써 봐

온갖 잡생각으로 머리가 어지러울 때
아무리 생각해도 해결책이 떠오르지 않을 때
머릿속에 있는 생각을 글로 풀어 보자.

형광등 대신 스탠드를 켜 봐.
마음을 한결 차분하게 만들어 주는
향초도 켜면 더욱 좋을 거야.
기분을 달래 줄 따뜻한 코코아 한잔과
달콤한 쿠키를 곁들이는 것도 좋지.
그리고 편하게 써 내려가 보자.

번호를 매기든 단어만 적든
같은 내용을 여러 번 쓰든 상관없어.
그렇게 마구 써 내려가다 보면
어느새 상쾌한 기분이 들 거야.

좋아할수록
꼭 지켜야 할 거리

누군가와 가까워질 때
꼭 지켜야 할 거리가 있어.
좋아하는 마음이 클수록 더 신중해야 해.
같이 있고 싶고 자꾸 보고 싶다고
내 속도에만 맞춰 다가가면
상대방은 불쾌함을 느낄 수도 있어.

친해지고 싶다는 신호를 보낼 것
내가 보낸 신호에 불쾌하지 않은지
상대방의 반응을 잘 관찰할 것
상대방이 부정적인 반응을 보이면
마음 표현하는 것을 멈출 것

지켜야 할 거리를 잘 지키는 건
서로 간의 매너이자 배려라는 걸 잊지 마.

내가 존경하는
그 사람이라면
어떻게 할까?

누구에게나 존경하는 사람
믿을 만한 사람
고민을 털어놓고 싶은 사람이 있어.
도움이 필요할 때 그 사람이 곁에 없다면
이렇게 생각해 봐.

'그 사람이라면 어떻게 말할까?'
'그 사람이라면 어떻게 행동할까?'
머릿속에 얼추 답이 떠오를 거야.

짜증 날 때는
혼자 있자

유달리 짜증이 솟구치는 날
어딘가에 분풀이해야 풀릴 것 같은 날에는
혼자 있자.

보고 싶었던 영화를 보거나
음악을 크게 틀어 놓고 소파에서 뒹굴거리며
하루가 그렇게 지나가게 내버려 두자.

가시 돋친 말로 가까운 사람에게 화풀이하고 나서
뒤늦게 후회하고 속상해하느니
혼자 있는 게 백배 천배 나아.

짜증 난 사람은
혼자 두기

'오늘따라 왜 저래?' 싶은 날
"괜찮아?"라는 말에도 반응이 없으면
친구를 혼자 있게 내버려 둬.

예민하고 피곤해하는 친구 옆에서
자칫 화풀이 대상이 되어 상처 입기보다는
한 발짝 떨어져서 가만히 지켜봐.
기다려 주는 거야.

저 사람
괜찮을까?

지금은 내버려 두는 게
좋겠어.

내가 잘한 일을
세어 봐

기운이 쏙 빠지거나
기분이 쭉쭉 가라앉으면
그동안 네가 한 일들을 세어 봐.

기운이 빠지고 우울해지면
자신을 부정적으로 생각하기 쉬워.
그럴 때는 곁에 있는 사람에게
네가 한 일에 대해 수다를 떠는 거야.

아침에 일찍 일어난 일이나
재미있게 본 프로그램이나
아주 사소한 것부터 시작해 봐.

사소한 이야기에 기분 전환도 되고,
뜻밖에 공통점을 발견하거나
유용한 정보를 얻게 될지도 몰라.

채널 돌리듯
기분을 바꿔 봐

큰 대회를 앞두고 있거나
중요한 시험이 코앞이거나
친구와 다퉈서 기분이 나쁘거나
불안하게 하는 일이나
골치 아픈 일이 있을 때
나만의 '채널 전환법'을 시도해.

머리끝까지 이불을 덮고 낮잠을 자거나
숨이 턱 끝까지 차도록 달리는 거야.
음악을 듣거나 숫자를 세고
조용한 곳에서 소리를 질러도 좋아.

기분을 바꿀 몇 가지 방법을 마련해 두고
부정적인 감정이 들 때 채널을 돌리듯 바꾸면 돼.
이런 나만의 채널 전환법은
당장 고민이나 문제를 해결해 주지는 못하지만
기분을 전환해서 마음의 짐을 덜 수 있을 거야.

불편한 친구와는 거리 두기가 필요해

베프가 내 비밀을
다른 친구한테 전한 적이 있었어.
일 년에 한두 번 명절에나 보는 친척은
안부 인사로 불편한 질문들을 해 댔지.

이렇게 나를 불편하게 하는 사람들은
진짜 나를 걱정하는 게 아니야.
만나서 불편한 사람과
굳이 사이좋게 지낼 필요 없어.
모든 관계를 좋게 하려고 애쓰기보다
자연스럽게 멀어지도록
거리를 두는 것도 필요해.

나의 장점과
약점을
미리 밝혀

친구들에게 나의 약점과 장점을
미리 얘기하는 게 좋아.

"노래는 잘 못 하지만 분위기는 잘 살려."
"시간이 좀 걸리더라도 시킨 일은 끝까지 책임지고 해."
이런 식으로.

이때 장점보다 약점을 먼저 소개하는 게 좋아.
약점을 말하고 장점을 이야기하면
약점보다 뒤의 장점에 방점이 찍힌다.

하늘이
무너져도 솟아날
구멍은 있어

'이건 누가 와도 해결해 줄 수 없어.'
하는 생각이 들어도 결국 어떻게든 해결돼.

쥐구멍이 있다면 숨고 싶을 만큼 부끄러운 실수도
다시 되풀이하고 싶지 않을 엄청난 잘못도
시간이 해결해 주기 마련이야.

앞으로도 계속 실수와 실패를 경험할 거야.
밀려오는 후회에 괴로운 기분도 느끼겠지.
하지만 어떤 일도 시간이 흐르면 지나가.
그러니 좀 더 마음에 여유를 가져 봐.

타인은 나와
생각이 다른 게
당연해

같은 음식을 먹고도 어떤 사람은 감탄하고
어떤 사람은 별로라며 갸우뚱해.
저마다 느끼고 생각하는 게 달라서
'타인'이라고 하나 봐.

때로는 내 마음조차 잘 몰라 갈팡질팡하기도 해.
그래서 마음과 다른 말이 튀어나올 때도 있고
진심 아닌 말을 뱉을 때도 있어.
내 마음조차 모르면서 타인의 마음을
오롯이 아는 건 무리 아닐까?
'다 알면서 왜 그래?'라는 생각은
두 사람 사이에 오해만 낳을 뿐이야.

상대가 알아주길 바라지 말고
원하는 게 있으면 지금 솔직하게 말해 봐.
제대로 표현하지 않아 벌어진 틈새 때문에
언젠가 둘 사이는 돌이킬 수 없을지도 몰라.

끝까지
파고드는 것도
재능이야

언뜻 이상하고 쓸모없어 보이는 일도
끝까지 파고들면 재능으로 인정받기도 해.

빛이 오래 지속되는 전구를 발명하기까지
무려 1,000번이 넘는 실패를 거듭했다는
에디슨의 일화는 너무나 유명하지.
세계 최초로 청색 LED를 개발해
2014년 노벨 물리학상을 받은 나카무라 슈지 교수는
"물이 나올 때까지 우물을 파라.
반드시 그렇게 되리라 믿는다."고 말했어.
세상의 상식을 거부한 그는 결국
독한 실행력으로 꿈을 현실로 만들었어.

우와
멋있어!

네가 몰입한 그 일도 끝까지 파고들면
언젠가 세상을 놀라게 할 '무엇'이 될지 누가 알아?

숨길수록
드러나

누구에게도 말한 적 없는 짝사랑….
훗날에 다시 만났을 때 예전을 떠올리며
"사실 그때 말이야….”
용기 내어 어렵게 말을 꺼냈더니
대뜸 "알고 있었어.”라고 대답하는 거야.

알고 있었어.

그때 깨달았지.
하고 싶은 말은 입 밖에 내야 전해지지만
감추고 싶은 생각은 들키기 마련이라는 것을.

네가 감추고 싶은 너만의 비밀이나 실수도
어쩌면 친구들이 모른 척해 주고 있는지 몰라.

서로의 상식이
다를 때도 있어

내가 중요하게 여기고
당연하게 생각하는 것과
상대방이 중요하게 여기고
당연하게 생각하는 것이
서로 다를 수 있다는 걸 기억해.

누군가에게는 꼭 알아야 상식이
다른 이에게는 알 필요 없는 것일 수 있어.

누군가에게 피해를 주는 게 아닌 이상
서로 상식이 조금 달라도 되지 않을까?

변명보다
사과를
먼저 해

앗! 미안 까먹었어.

약속한 게 뒤늦게 떠올라서
"앗, 까먹었다!" 하고 소리친 적 있니?
누구나 깜빡할 수 있어.
그렇지만 이건 잊지 마.
뭔가 잊어버렸을 때는
변명이 아닌 사과를 먼저 해야 해.

구구절절 구차한 변명이
상대방의 화를 누그러뜨리기보다
불붙일 수도 있거든.

그리고 메모하거나 알람 맞추기 등
실수를 반복하지 않도록 방법을 찾아봐.

나를 위해 우는 사람을 떠올려

"나쁜 짓을 저지를 때 머릿속에
떠오르는 사람이 있느냐 없느냐가
한 청소년의 인생을 좌우합니다."
범죄를 저지른 청소년들을 교육하는
한 전문가가 한 말이야.

잘못되고 나쁜 일인 것을 알지만
멈출 수 없는 유혹에 빠졌다면
나를 위해 우는 사람을 떠올려 봐.

지금 하는 행동이 사랑하는 누군가를
몹시 슬프게 하고 아프게 한다면
지금 당장 멈추고 싶지 않니?

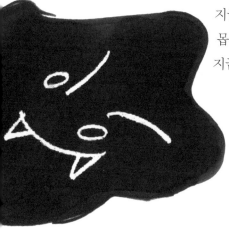

늘 나를
먼저 생각하는
그 사람이 있어

내가 아프면 나보다 더 아파하고
나의 짜증도 무표정도 받아 주는 그 사람.

내가 힘들 때는
기분이 나아질 때까지 기다려 주는 그 사람.

항상 진심으로 나를 걱정하고
내가 잘되면 기뻐해 주는
늘 나를 먼저 생각하는
그 사람.

그 사람이 누구니?
누가 떠오르니?

탓하느라
소중한 오늘을
망치지 마

한번쯤 마주치고는 해.
가방으로 옆 사람을 치거나
지나가는 길을 막고 서 있거나
큰 소리로 시끄럽게 통화하거나
불쾌감을 주는 사람들….

누구나 무의식중에 민폐를 끼칠 수 있어.
너도 그럴 수 있어.
혹시 그런 사람을 탓하느라
소중한 오늘 하루를 망치고 있지 않니?

안녕하세요,
참 쉬운 인사
먼저 해

언제 할까? 어떻게 말할까?
저쪽에서 먼저 하기를 기다리지 말고
네가 먼저 해 봐.

"안녕하세요!"
이 다섯 글자면 충분해.
이 한마디로 나의 하루도 그 사람의 하루도
기분 좋게 시작될 수 있어.

안녕하세요.

아침에 일어나면 물을 한 잔 마신다.
중요한 약속은 휴대폰에 메모한다.

일상생활 속 사소한 습관을
'마이 룰(나의 규칙)'로 만들어 봐.
마이 룰에 따라 행동하다 보면
긍정적인 평생 습관을 만들 수 있어.

단, '마이 룰'은 자신만을 위한 규칙이니
다른 사람에게 강요하지 말 것.

생각은
자유니까
마음대로

나쁜 생각, 비겁한 생각, 추한 생각,
속이고 싶은 생각이 들 때가 있어.
그럴 때마다 자신을 탓하지 마.
죄책감에 괴로워하거나 후회하지 마.

생각만으로 다른 사람에게 영향을 끼칠 수 없어.
생각만큼은 아무도 모르는 나만의 자유 공간이니까
마음대로 편하게 써.

차이를
있는 그대로
받아들이길

세상에는 다양한 가치관이 있어.
그래서 무언가를 결정하려면
시간이 걸리더라도 타협해야 해.
의견이나 입장이 다르면 다양한 관점에서
검토가 이루어지기 마련이야.
이런 과정을 통해 발전하고 성장해.

생각이 다른 사람과 함께 잘 지내는 건
건강한 관계라는 증거야.
다른 의견, 취향, 가치관을
서로 인정하고 존중한다는 뜻이거든.

이때 인정한다는 의미는
무엇이든 똑같이 하고
좋아하고 편들고
사이좋게 지내라는 뜻이 아니야.
차이를 있는 그대로 받아들이라는 거야.
이것이 다양성을 인정하는 첫걸음이지.

나처럼 힘들어하고 있는 10대들에게

이 책을 한마디로 정의하자면 '어린 시절 나에게 보여 주고 싶은 책'
이다.

초등학교 6학년 때 원인을 알 수 없는 뇌전증이라는 불치병이 나를
덮쳤다. 나는 주위 사람들과 잘 지내고 친구들을 사귀고 싶었지만
남들과 다르다는 소문과 인식 탓에 학창 시절을 외롭게 지냈다.

성인이 된 후에야 내 삶을 돌아보며 6학년 때부터 나와 함께한 이 병
을 친구와 같은 존재로 고스란히 받아들이게 되었다.

만약 학창 시절에 누군가가 나에게 "상하야, 친구가 많지 않아도 괜찮
아. 네 마음과 맞는 친구만 있어도 돼", "상하야, 네 겉모습과 속마음을
있는 그대로 받아들이는 게 어떨까?" 이 한마디를 해 줬다면 어땠을까?
《누가 뭐래도 나는 나》는 10대 때 내가 듣고 싶었던 이야기를 해 주
고 있다. 아마 10대 때 이 책을 봤더라면 내 삶은 분명 이전과 크게
달라졌을 거라고 생각한다. '내가 10대였을 때 이 책이 나왔으면 얼
마나 좋을까?' 하는 마음에 나처럼 고민 많은 청소년에게 적극 추천
하고 싶다.

현재 힘든 시기를 걸어가고 있는 친구들이 있을 것이다. 나처럼 병
에 걸려서, 친구가 없어서, 해결 못 할 고민 등이 있어서 힘들어하고
있다면 이 책을 읽고 삶의 힌트를 얻으면 좋겠다.

꿈마루 황상하(심리 상담사)

자신을 위로할 자아의 힘을 충전하길

10대는 참 많은 고민을 하는 시기다. 부모의 보호 아래에 있지만 생각과 마음이 조금씩 독립되며 나만의 고민과 나만이 해결해야 할 일이 생기기 때문이다. 누군가에게 털어놓기에는 쑥스럽고 사소해 보이지만 10대들에게는 무척 중요한 삶의 문제들에《누가 뭐래도 나는 나》의 저자는 사려 깊은 태도로 청소년의 고민을 대한다. 그뿐 아니라 깊은 통찰력과 심리학적 견해로 아이들의 결정을 돕고 생각의 방향을 잡을 나침반이 되어 준다.

책의 저자는 문제를 해결해 주려 하거나 일반적인 삶의 규준을 제시하지 않는다. 아이가 가진 문제를 있는 그대로 수용하며 문제를 대하는 다양한 관점을 경험할 수 있게 도울 뿐이다. 이 책에서 말하는 50가지 삶의 팁을 통해 아이들은 시야의 확장과 통찰력을 높여 갈 것이다. 마지막으로 이 책에서 경험한 공감적 태도를 아이들이 자신의 것으로 내면화할 기회를 얻는다는 것이 가장 중요하게 다가온다. 저자가 자신의 말을 인정해 주고 따뜻한 질문으로 생각의 정돈을 도와준 덕분에 이 책을 읽은 청소년들은 책장을 덮은 후에도 스스로에게 질문하며 힘듦을 경험하고 있는 자신을 위로하는 목소리를 가질 것이다. 이 책이 10대들에게 가장 중요한 '자아의 힘'을 충전시키는 계기가 될 거라 기대한다.

노은혜(늘 언어심리상담소 소장)

★ 10대를 위한 인생 힌트

누가 뭐래도
나는 나

초판 1쇄 발행 • 2022년 1월 5일
초판 2쇄 발행 • 2023년 6월 7일

글 • 사사다 유미코
그림 • 도모노 가나코
옮김 • 안혜은

펴낸이 • 유지서
글꾸밈 • 변정혜
편집 • 이송이
디자인 • 진선미
마케팅 • 김영란, 신경범, 우이, 육민애

펴낸곳 • 이야기공간
출판등록 • 2020년 1월 16일 제2020-000003호
주소 • 서울특별시 마포구 독막로 10, 606호 (합정동)
전화 • 070-4115-0330 | 팩스 • 0504-330-6726 | 이메일 • story-js99@nate.com
블로그 • blog.naver.com/story_js2020
인스타그램 • https://www.instagram.com/the_story.space/
스마트스토어 • https://smartstore.naver.com/storyspace

경영지원 카운트북 • countbook@naver.com
인쇄·제작 미래피앤피 yswiss@hanmail.net
배본사 • 런닝북 runrunbook@naver.com
전자책 제작 • 롤링다이스 everbooger@gmail.com